Bickel · Steigert Wage zu träumen

Wage zu träumen

Texte von Margot Bickel
zu den Bildern von Hermann Steigert

Herder Freiburg · Basel · Wien

Je größer
der Abstand ist
aus dem heraus
du dich betrachtest

um so deutlicher
kannst du
erkennen
die Tiefen und Weiten
deiner Wirklichkeit

Einen vertrauten Weg
noch einmal
abgehen

in eigenen
verwehten Spuren
lesen

Worte wieder hören
die irgendwann
ausgesprochen wurden

stehenbleiben
wo schon einmal
Stillstand eintrat

Heimweh aushalten
um nicht
in das Fernweh
zu flüchten

Auf einer abgelegenen Brücke
kann Versöhnung geschehen
zwischen einem alten
und einem neuen Weg
in bewußter Offenheit
gewagter Ehrlichkeit
einer Spur von Angst
von Einsamkeit

Zufällig
gesät

jahrzehntelang
gewachsen

minutenschnell
gefällt

stöhnend
gefallen

totes Leben
hineingeritzt

ich liebe dich

Dem Unausweichlichen
auszuweichen
das Unabwendbare
abzuwenden
hieße
das abgefallene Blatt
wieder
an den Baum zu nageln

Hoffnung gegen alle Hoffnungslosigkeit
erfahren

Enttäuschung ohne jede Selbsttäuschung
ertragen

das Nein mit dem Ja
ersticken

Mit seinen Gedanken
hat sich der Mensch
entfesselt

mit seinem Mund
seiner Hand
zäunt er
sich selbst
wieder ein

Die Wahrheit
eines Menschen
wird
glaubwürdig
mit den
kleinen Taten
in der Zeit
seiner
Endlichkeit

Abschiednehmen
sich trennen
aufgeben
einen Teil von sich selbst
etwas
dem Wind
überlassen
den Fluten
dem Wasser
das Sterben
lernen
jeden Tag
ein wenig
für
das Neue
das
folgt

Wenn die Letzten
die Ersten sein werden
verdient Respekt
der Grashalm
nicht die Rose
gebietet Ehrfurcht
der Tautropfen
nicht der Wasserfall

müssen den Augen der Seele
die Scheuklappen
genommen werden

Unwichtig
Wolken
Blumen
Stunden des Glücks
zählen zu wollen
Wolken ziehen weiter
Blumen verblühen
Stunden des Glücks vergehen
wichtig aber
sie überhaupt
zu sehen
zu erkennen
zu genießen
sie in den Gedanken
zu bewahren

Ist die Seele verwurzelt
keimt die Saat des Freiseins

Bleibe an meiner Seite
auf meiner Wegstrecke
die ins Ungewisse führt

Bleibe an meiner Seite
bis ich selbst
das Ziel erkennen kann

Du, mein Freund
bleibe an meiner Seite
bis ich morgen
meinen Weg allein gehe

Bleibe an meiner Seite
und ich werde übermorgen
dich begleiten

Leise Menschen
leise Freundschaften
stille Worte
stille Zeichen
übertönen
lautstarkes Gerede
lautstarkes Getue
überdauern
die Kurzlebigkeit
großer Versprechungen
leerer Gesten

Sollte ich
von Zeit zu Zeit
müde werden
sage nichts
dann habe ich
etwas Wichtiges
irgendwann
irgendwo
verloren
laß mich dann
in Ruhe
allein
suchen gehen
wach
werde ich
zu dir
zurückkommen

Das Zuhause sein
teilen
mit dem
der kommt
Fremder oder Freund
einfach ein wenig
Geborgenheit
verschenken

Die Ängste
sich eingestanden
in die Hände
in den Mund
genommen

und tief
im Innern
öffnen sich
verriegelte Türen
und Fenster
geben Einlaß
neuem Leben
neuer Hoffnung
dem Mut
zu sich selbst

Ich wünschte mir
ein wenig mehr
Geduld
mit dir
mit mir selbst

ich wünschte mir
ein wenig mehr
Demut
vor dir
vor mir selbst

denn morgen
werden wir
ernten
was wir heute
gesät haben

Ich möchte
kleine Kieselsteinchen
über das Wasser
tanzen lassen
dem Spiel
der Kreiselwellen
zusehen

ich müßte
auf ein Kind warten
das der Zufall
mir über den Weg schickt
mir wieder zu zeigen
wie ich mit Kieselsteinchen
spielen kann

ich lasse
meine Armut
über das Wasser
tanzen
und stelle es mir vor
das Spiel
der Kreiselwellen

Wenn das Fernweh
und alles in mir
nach Abstand ruft
schicke ich wenigstens
meine Gedanken
auf eine Reise
lasse sie weiden
auf grünen Wiesen der Erinnerung
schicke sie auf vertraute
Wegstrecken meiner Vergangenheit
gönne ihnen dort Ruhe
wo ich schon einmal Ruhe fand

und kehren sie zurück
verhallt
der Ruf des Fernwehs
der Ruf nach Abstand

Wir bebauen uns
ein Fleckchen Erde
pflanzen deinen Witz
meinen Humor
unser Lachen
unsere Tränen
unseren Frohsinn
unsere Traurigkeit
und einen kleinen Baum
säen deine Stille
mein Schweigen
unseren Idealismus
unsere Ideen
unsere Verrücktheiten
unsere Liebe
und einfache Blumen

lassen unsere Hoffnungen keimen
beschneiden nichts
in unserem Garten
der Lebensfreude

Die größte Mutprobe
für den
der fernab
von den Hauptstraßen
des Lebens
seinen Weg gehen will
besteht wohl darin
die Einsamkeit
als einen beständigen
Wegbegleiter
anzunehmen

Wenn alles schweigt
die Stille Einlaß findet
heimkommen
damit nicht
die Seele
im Alltagsnebel
verschwindet

Mögen in manchen Gewittern
Stürmen
einige Blätter und Äste
vom Lebensbaum
abgefallen sein
der Stamm
hat standgehalten
und je tiefer
die Wurzeln noch reichen
je mehr die Krone
dem Licht entgegenwächst
um so grünere Blätter
stärkere Äste
werden nachreifen

Wage zu träumen
von dir
und dem, was du nicht bist

wage zu träumen
von dir
und dem, was du nicht hast

wage zu träumen
von dir
wie du wirklich bist

wage zu träumen
von dir
und nach dem Erwachen
verwasche nicht
dein traumhaft
wahres
Gesicht

Die Vergangenheit
überholt
die Gegenwart
überfordert
die Zukunft
überfällt

oder

Die Vergangenheit
bewältigen
die Gegenwart
beurteilen
die Zukunft
beginnen

Die Stürme deiner Belastungen
treiben
die Gedanken
umher
erdrücken sie
in deinem Innersten
wirbeln deinen Lebensstaub auf

die Stürme deiner Belastungen
legen in deinem Innersten
vielleicht
längst verdrängte
wertvolle
Gedanken
frei

Lange
kurze Zeit
dasein
jeden Moment
wieder
gehen
können
nichts
für
immer

Im Unbequemen
Anstrengenden
Widerstandsträchtigen
verfängt sich
die Mitte
des Lebens

Erschauern
ob der Nichtigkeit

staunen
über das Trotzdem

Du bist
unruhig
aufgewühlt
hin und her gerissen
in der Unruhe
deiner Hoffnungen
Wünsche
von irgendwo hergekommen
nirgendwo
gelandet

du bist
zu unruhig, mein Freund
auch die Unruhe
hält Ruhezonen
verborgen
wage den Zusammenstoß
mit einem Riff
und aus den Trümmern
baue dir
ein neues Boot

Wenn wir sterben
du
ich
soll nicht am Ende
ein Fragezeichen
stehen
sondern einfach
ein Punkt

wir haben
in der Kürze
der Zeit
Zeit genug
wenn wir
sie uns
schenken

Heute
morgen
irgendwann
kündigt sich
an deinem Lebenshorizont
das Abendrot
an

seine Farben
lassen sich leichter deuten
wenn die Augen
beizeiten
für die Gezeiten
des Lebens
geschult werden

Das haltbare Glück
ahnt der Mensch
fernab von sich selbst

das unhaltbare Glück
lehrt ihn
den Augenblick zu lieben

Dritte Auflage

Reproduktionen: H. u. H. Schaufler, Freiburg
Herstellung: Freiburger Graphische Betriebe 1982
ISBN 3-451-19602-6